南少林易筋拉伸术

鄢行辉 王嵘 林辉 ◎ 著

海峡出版发行集团
福建科学技术出版社

图书在版编目(CIP)数据

南少林易筋拉伸术 / 鄢行辉，王嵘，林辉著 . —福州：福建科学技术出版社，2022.1
ISBN 978-7-5335-6545-9

Ⅰ . ①南… Ⅱ . ①鄢… ②王… ③林… Ⅲ . ①易筋经（古代体育）- 基本知识 Ⅳ . ① G852.6

中国版本图书馆 CIP 数据核字（2021）第 181699 号

书　　名	南少林易筋拉伸术
著　　者	鄢行辉　王嵘　林辉
出版发行	福建科学技术出版社
社　　址	福州市东水路76号（邮编350001）
网　　址	www.fjstp.com
经　　销	福建新华发行（集团）有限责任公司
印　　刷	福建省地质印刷厂
开　　本	700毫米×1000毫米　1/16
印　　张	5
图　　文	80码
版　　次	2022年1月第1版
印　　次	2022年1月第1次印刷
书　　号	ISBN 978-7-5335-6545-9
定　　价	28.00元

书中如有印装质量问题，可直接向本社调换

他序

"医者易也",中医起源于中国哲学《周易》,易者乃阴阳之道,有变通、更换之意;筋指人体筋肉、筋膜、经络。易筋术乃采用导引、按摩、吐纳等中国传统功夫打通身体因病变导致筋肉、筋膜及经络阻滞的医疗技术。目前考证最早的易筋经版本是清道光年间来章氏的《少林寺易筋经》,相传源自于号称"禅功之源"的北少林达摩祖师,而该书中有明代天台紫凝道人为《易经经义》题的跋语。南少林系唐初嵩山少林寺"勇救唐王"十三棍僧之一的智空大师入闽建立,与北少林一脉相承。南少林易筋术融合佛、道、医三家精华,内功吸收道家导引养生术,技法与佛家少林武术功夫相结合,治则遵循"伸筋拨骨、气血平和"的中医原理。

本书由福建中医药大学鄢行辉教授撰写,鄢教授擅长医武结合,在全面展现南少林易筋术原貌的同时,针对现代生活的特点和需要,突出了其养生保健的功能,为读者提供了一套简便易学的养生功法,可以有效解除生活中遇到的身体酸痛的症状。全书分为三部分,第一部分运用功法中的调身、调息、调心来解析其对健康的作用;第二部分对南少林易筋经十二式功法进行详细介绍,旨在保存和还原功法的本来面目及其养生价值；第三部分根据南少林骨伤流派学术传承和多年的实践经验，详细讲解南少林易筋术对身体各部位拉伸、修复身体损伤及其解除筋骨酸痛的方法，并辅以完整的演练指导并配合动画演示。

以"筋骨酸痛、易筋搞定"为主题的《南少林易筋拉伸术》付梓之际，作者嘱余写序。余拜读大作后，深感内容博大精深，既传承古今，又融汇"禅、医、武"结合的南少林骨伤流派学术特色，图文并茂，内容通俗易懂，实难能可贵。手此一卷，按图索骥，认真阅览，反复练习，将终身受益。

王和鸣
2021年10月

王和鸣：福建省骨伤研究所所长，福建中医药大学教授、主任医师、博士生导师。国家人事部有突出贡献专家，享受国务院政府特殊津贴，福建省优秀专家，福建省名中医，中华中医药学会"中医骨伤名师"，第四批、第六批全国老中医专家学术经验继承班指导老师，全国名老中医专家传承工作室负责人，全国中医学术流派传承建设单位"南少林骨伤流派传承工作室"负责人。兼任海峡南少林手法医学协会创会名誉会长、世界中医药学会联合会第三届骨伤专业委员会执行会长、中国中西医结合学会骨科微创专业委员会创会名誉主任委员、中华中医药学会骨伤科分会顾问等职。主编国家级规划教材《中医骨伤科学基础》《中医骨伤科学》及其他专著20余部，发表学术论文100余篇，主持国家自然科学基金及部、省级课题20余项，获部、省级教学与科技进步奖10余项、国家发明专利4项、实用新型专利1项。擅长以手法与中医药治疗骨伤、脊柱病及各种骨关节病。

作者简介

座右铭：修禅心，筑武魂，循医道

鄢行辉

福建中医药大学教授，广西中医药大学客座教授，国际针灸师，南少林骨伤流派传承上古二级工作站负责人，师承全国名老中医王和鸣教授。世界中医药学会联合会骨伤专业委员会常务理事，中华中医学会学术流派传承分会委员，国际武道联盟养生协会主席，国际武道黑带八段，中国大学生体协民族传统体育分会健身项目专业委员会主任，全国高等中医药教育学会传统保健体育研究会专家委员，福建省中华传统优秀文化教育促进会副会长，福建省太极拳协会副秘书长。

长期从事传统养生保健教学与研究，致力于推广传统养生文化，已发行十七辑南少林武术教学光碟，出版个人专著十二部，创建具有中国特色的医体结合的健康管理系统——南少林大易筋人体修复体系，根据传统中医理论，应用"易筋""易骨""洗髓"的方法，激发人体潜能，提高人体自我修复能力，将中医导引处方、传统针灸、南少林整脊理筋疗法，融入运动损伤及"痛症"的防治中。

作者简介

王嵘

王嵘，现任福建体育职业技术学院教授，国家社体中心健身瑜伽高级教练员、中级晋段官，湖南师范大学民族传统文化研究所特聘研究员，福建省体操协会快乐体操委员会副主任。

先后在国内外重要学术期刊上发表专业文章二十余篇，主持参与多项省部级、厅级课题研究，主编、参编多部国家规划教材，编著3本太极养生书籍及一本瑜伽专著，"运动拉伸处方"获得国家版权中心计算机软作著作专利一项，目前主要从事瑜伽、形体、健美操专业课教学。

作者简介

林辉

林辉，副教授，国家健身气功一级社会指导员，健身气功五段，全国大学生民族传统体育分会健身气功专委会委员。

先后主持省部级课题一项、厅级课题两项、校级课题两项，任十二五、十三五规划各一部教材副主编、福建中医药大学体育部四部教材副主编。指导学生参加全国传统保健运动会夺得金牌二十几枚，1995年获得全国大学生武术比赛"优秀教练员"称号。

目录 CONTENTS

第一章　三调方法：从三个维度调整健康　　1

调身法——骨正筋柔　　1

调息法——气血自流　　8

调心法——心神安定　　10

第二章　南少林易筋经：自我修复十二式　　14

▶ 十二式连续演示视频　　14

十二经筋与十二式纵览　　15

▶ 第一式　拱手环抱——手太阴经筋的拉伸　　18

▶ 第二式　两臂横担——手阳明经筋的拉伸　　20

▶ 第三式　掌托天门——足阳明经筋的拉伸　　22

▶ 第四式　摘星换斗——足太阴经筋的拉伸　　24

▶ 第五式　出爪亮翅——手少阴经筋的拉伸　　27

▶ 第六式　倒拽九牛尾——手太阳经筋的拉伸　　30

▶ 第七式　九鬼拔马刀——足太阳经筋的拉伸　　34

▶：含有视频。

▶ 第八式　三盘落地——足少阴经筋的拉伸	37
▶ 第九式　青龙探爪——手厥阴经筋的拉伸	40
▶ 第十式　卧虎扑食——手少阳经筋的拉伸	43
▶ 第十一式　打躬势——足少阳经筋的拉伸	47
▶ 第十二式　掉尾势——足厥阴经筋的拉伸	49

第三章　南少林易筋术：快速祛除酸痛　　53

颈部酸痛易筋术	53
肩部酸痛易筋术	57
手臂酸痛易筋术	59
腰背祛痛易筋术	62
髋部祛痛易筋术	65
膝、大腿部祛痛易筋术	68

第一章
三调方法：从三个维度调整健康

调身法——骨正筋柔

身体端正（调身）、呼吸深长匀细（调息）和心神宁静（调心），有人称其为练功要旨，也有人称为三大要素。三者之间有相互依存和相互制约的关系，调身是基础，调息是中介，调心主导调身和调息。

身体端正的要领在于调身。所谓调身，就是有目的地把自己的形体控制在受意识支配的一定姿势和一定的动作范围之内，通过练习以达到"外练筋骨皮，内练一口气"，使机体处在动态的平衡之中。

人的姿势千变万化，但不外乎行、卧、坐、立四种基本形态，古人称"四威仪"，并要求"行如风、站如松、坐如钟、卧如弓"，这些也是养生所要求的。调身主要是注重身形和身体运动，同时强调呼吸和意识的配合，这种功法利于改变身体形态，使身体强壮。

调身主要有两种方法：一是在练形中调身到最不舒服的状态，如在导引动功及站桩时降低功架，一般适宜青少年及体质好、无残疾者，这样可以提高功力；二是练形调身到最舒服状态，如自然站、卧功等，一般适宜老年人及体质弱者，以达到养身延年的目的。

姿势选择的恰当与否和治病强身的最终效果密切相关。如高血压、青光眼、头痛头胀、肝阳上亢型的病人，宜采取站式；消化性溃疡、慢性结肠炎、胃肠功能紊乱的病人，宜采取坐式；老年体弱、极度衰弱的虚证病人，宜采取卧式。

调身的姿势主要分为坐式、卧式和站式三种类型。

坐式

平坐式

取一高度适宜的凳子或椅子，臀部1/2坐在凳面上，头身正直，下颌微收，口眼轻闭，舌抵上腭，松肩含胸，直腰收腹，两脚分开，与肩同宽，平行踏地，上身与大腿、大腿与小腿之夹角均成90°，两手自然抬起，放在两大腿中部。

● 平坐式是最普通、最常见的一种坐式，适应性广，除高度体质衰弱的病人不能持久外，一般人均可采用。

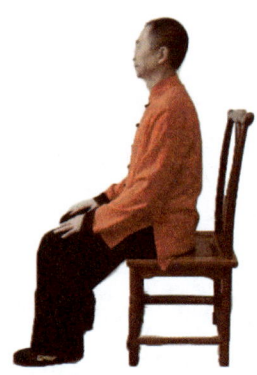

靠坐式

取一椅子或沙发，除臀部满坐、背部轻抵椅背外，其他要求均同平坐式。

● 靠坐式比平坐式更省力，机体能更放松，且时间持久，故对年老体弱者尤为适宜。

盘坐式

取凳面比坐凳大的木制矮方凳、普通的床、炕或地毯，在上面盘坐皆可。

自然交叉盘

上半身要求基本与平坐式相同，只是两手自然重叠，虎口相对，掌心向内，放在腹部丹田处；臀部略垫高3～5厘米，两腿自然交叉盘起，两脚交叉放在两大腿下面。

单盘

将右脚放于左大腿上（或将左脚放在右大腿上），两小腿上下重叠。其余均同自然交叉盘。

双盘

将左脚置于右大腿上，然后再搬起右脚置于左大腿上，两脚心朝天。其余同自然交叉盘。

● 以上两种盘式的特点是：姿势稳定，易于宁神定志。但是，由于下肢屈曲紧张，影响血液循环，故采用得较少。

卧式

仰卧式

　　面朝天，平卧于床上，枕头高低适宜，口眼轻闭，舌抵上腭；两臂自然伸直，两手掌心朝下，分别放在身体两侧或虎口交叉重叠放在腹上；两腿自然伸直，两脚分开与肩同宽或将一脚后跟扣在另一脚踝上。

　　●此式适用于年老体弱者和神经衰弱症患者的睡前练功。缺点是容易昏沉入睡，影响练功效果，所以要逐步过渡到坐式。高血压病人不宜采用此式。

侧卧式

　　侧身卧于床上（左右均可，一般采用右侧卧）。以右侧卧为例，腰部稍弯成弓形，头略向胸前收，枕高适宜，口眼轻闭，舌抵上腭；左手臂自然放在身体侧面，手掌放在左髋侧上；右臂弯曲，手心朝上，置于枕上；右腿自然伸直，左腿弯曲搁在右腿上。

　　●此式作用与仰卧式同，优点是比仰卧式更容易放松，由于腹肌的松弛，更易于形成腹式呼吸。

半卧式

　　在仰卧式的基础上，将上半身及头部垫高，斜靠在床上，也可在膝下垫物。其余均同仰卧式。

　　●此式适宜于心脏病、哮喘患者以及体力衰弱的病人。

站式

自然式

两腿分开，与肩同宽或略窄于肩，平行站立，两膝微屈；头正身直，下颌微收，百会承天，双目平视，面带微笑，舌抵上腭；沉肩含胸，松腰收胯，命门打开，收腹提肛；两手自然下垂放于体侧。

● 站式练功有清心降压、宁神定志的作用，一般病人均可采用，体弱者可与坐、卧式交替来用。

正面　　　　　　　　　　侧面

三圆式

两脚分开，与肩同宽，脚尖内扣，成半圆形，屈膝下蹲，高低量力而行，膝盖垂线不超过脚尖；两臂抬起弯曲成环抱状，高与胸平，两手手指均张开弯曲，掌心相对，如抱球状；其余要求均同自然式。所谓"三圆"，即足圆、臂圆、手圆。

● 此式对调理、疏通督脉和补气升阳有独特作用，在练功姿势上，属于补的一种。对虚证病人有一定疗效。

下按式

　　两脚分开，与肩同宽，平行站立；两臂下垂微屈，两手下按，掌心朝下，手指向前，置于两髋旁。其他要求同自然式。

　　●此式意念朝下，加上两掌心、两足心，称为五心朝地。此式对实证病人有一定疗效。

调息法——气血自流

所谓调息就是调整呼吸的方式、速度、节奏、强弱等，呼吸在古代被称为吐纳，是练功中的重要环节之一。古人说："一呼一吸为一息，不呼不吸亦为息。"这句话的意思就是说，我们平时没有特意地去注意自己的呼吸，但呼吸客观存在。而在锻炼时，我们就要有意识地注意自己呼吸的调整，选择和掌握适合自己身体情况的呼吸方法，尽可能多地摄取和利用空气中的氧气，排出机体代谢的废气，这对培育人的真气、增强脏腑各器官组织的功能、促进人体的健康有很大的作用。所以历代养生家都非常重视呼吸的锻炼。

调息可以在一定程度上使人除了大脑以外的其他部位、器官产生特殊的变化。调息也可支持调身，这是因为在练形调身的过程中需要氧气和其他物质，这些都离不开呼吸的作用。调息中的腹式呼吸有利于呼吸肌肉的锻炼。

练功时，注意呼吸的出入，使腹肌、膈肌不断地收缩和扩张，这首先加强了胃肠的蠕动，进而带动了肝、肾、脾等内脏的活动，可以增加肺的通气量和加快吸氧排碳的生命活动过程，改变和加速全身的血液循环，促进消化和营养的吸收，调整各内分泌系统的功能，增强机体的抗病能力。所以练功时注意呼吸的调整，不仅能使肺功能得到加强，还改善了其他脏器的功能。《黄帝内经》中指出："肺者气之本，主人体一身之真气"，"脉气流入诸经，诸经经气归于肺"。肺是一个独立的代谢器官，具有维持机体内环境的作用，它与人体的新陈代谢和多种激素的分泌有着密切的关系，它影响到人体的生长、发育、生殖和免疫系统功能的增强和变化。

调息的方法主要有以下几种。

自然呼吸法

自然呼吸法是指人们按照原来的呼吸频率和呼吸方法进行呼吸，只是更为柔和，每分钟16次左右。要求顺乎自然，柔和均匀，丝毫不用力，不加意念支配，采用鼻吸鼻呼法、鼻吸口呼法均可。此法适用于初学者和慢性病患者。

腹式呼吸法

腹式呼吸增强了膈肌运动，使胸腔容积增大，气体进出量增加。它可以使呼吸完全，功能残气减少，尤其是使双肺下部的通气功能得到改善，所以对呼吸系统的疾病有较好的疗效。由于增强了腹肌的收缩和放松，对腹腔内脏器官具有一定的按摩作用，有助于增强消化吸收功能，故对消化系统疾病亦有良好的治疗作用。

顺腹式呼吸法
吸气时腹部隆起，呼气时腹部缓慢回收。

逆腹式呼吸法
吸气时腹部轻轻凹陷，呼气时腹部放松还原。

停闭呼吸法

在呼气和吸气之间，或者吸气和呼气之间，停闭片刻，称为停闭呼吸法。这种呼吸法能充分扩展肺泡，有利于气体在肺泡中的交换，从而改善肺功能，增强对机体的供氧能力。停闭呼吸时大大增加了腹腔内压，所以对消化系统的疾病也有直接的治疗作用。

鼻腔喷气法

这是一种鼻吸鼻呼法。先吸气，鼻孔微微张开，眉毛轻轻上抬，要求缓、长、匀、深，得法时，可有气在鼻腔中的回荡声，有吸气直入丹田之感，腹部隆起，胸部不动；呼气时，鼻腔收缩，速度略快，气体喷出有声，同时腹部收缩，协同逼气外出，自然提肛。此法呼吸量大，气感足，有益气升阳、填补下焦元气的强壮作用；但对于一些体质过于虚弱及高血压、心脏病患者并不适宜，故要慎用。

三吸一呼和三呼一吸法

此两种均为鼻吸鼻呼法。三吸一呼是连续三次短的吸气，一次长的呼气；三呼一吸是连续三次短的呼气，一次长的吸气。这是根据吐纳的补泻作用而设计的呼吸方法。三吸一呼，由于吸多呼少，作用偏补；三呼一吸，呼多吸少，作用偏泻。两种呼吸法均可加强腹式呼吸作用，加强丹田的聚气和储能作用，加强脾、胃、心脏等内脏的功能。此法适用于各种内脏疾病和癌症病人，但要辨别虚实而选用之。

大呼大吸法

此为古代吐纳、导引采用的一种呼吸方法。具体做法即用鼻使劲吸气，用鼻口呼气，每一吸一呼都要求尽量延长时间，尽可能加大气体出入量，并且呼和吸都要发出较大声音，这是一种以扩大肺活量为主的呼吸法。此法能增强体质，调动内气，适用于体质较强的练功者；对一些患慢性疑难杂症和痼疾但体质尚未衰弱者，也有一定的治疗作用。

调心法——心神安定

调心是练功的重要环节，它包括意念、感觉、情绪等方面的调整。调心就是使练功者把注意力集中到身体某一部位、某一练功姿势、某一事物或某一词义上来，以致能安静地练功，不断地排除杂念，从而达到放松身体以及大脑的入静状态。

大脑的入静，就是杂念不生，意识思维活动相对集中，进入到非常轻松、舒适、宁静的愉快境界。这种入静状态，能使机体进一步放松，全身气血进一步流畅，这对激发调动人体内在的潜能，诱发聚集人体内部的真气、元气具有重大作用，同时能起到更好地调整整个机体中存在的功能紊乱，修复机体的病理状态，恢复机体的动态平衡，使之向正常方面转化的作用。

调心就是要把这些不利于身体健康的情绪变化和思想杂念排除掉，做到清心寡欲，创造一个美好的内环境，以抵御各种外界因素对机体的不良刺激。以下是几种调心的方法。

默念字句法

默念字句法是指在练功中用意念去默诵选定好的句子，不需要念出声来的一种练功方法。通过默念字句，使机体逐渐放松；若机体已基本放松，默念字句又可以使意念逐渐集中，大脑思维逐渐安静下来。具体的操作方法是：吸气时默念"静"，呼气时默念"松"；或者吸气时不默念，呼气时默念"静坐使我健康"等字句；或者是在吸与呼或呼与吸之间停顿呼吸来默念字句。总之，默念的字句要简单，词义要轻松、愉快。

意守部位法

把注意力集中起来，放在身体的某一部位上，称为意守。常用的部位，大都是经络上的主要穴位。这种意守，一方面是为了更好地排除杂念；另一方面可以打开穴位，疏通经气，加强体内气血的运行和脏腑功能。现介绍一些主要部位及作用。

丹田

丹田是古代练功家对练功时进行意守的一个部位的名称，常见分为上、中、下丹田。

●上丹田　位于两眉心以及额部正中部位。此处内部是大脑的额叶，与人的形象思维有关，是许多益智健脑、开发潜能的功法常用的意守部位。

●中丹田　位于两乳之间胸窝中央凹陷处，也就是膻中穴部位。从解剖结构上看，胸腺恰好位于此处，胸腺属人体内分泌腺体，与人体免疫功能有关，在人出生后逐渐萎缩。意守中丹田有调整内分泌功能的作用。因此，一些内分泌疾病患者练功时常意守此部位，亦常为妇女练功意守之处。

● 下丹田　位于脐下气海、关元为中心的下腹部。古书介绍此处是五脏六腑之本，十二经脉之根，意守此处，具有充实元气、强壮身体的作用。从现代解剖来看，此处是小肠的处所，小肠是人体消化食物和吸收营养的主要部位，是全身能量的供给站，这与古人把下丹田作为汇聚、储存真气的部位的认识是一致的。

命门

为督脉经穴位，在第二腰椎棘突下，两肾俞穴中间，为"生命之源，相火之主，精气之府"。两肾间动气会合于此，与垂体、肾上腺、性腺有密切关系，是气功中练气、练精的重要部位，为中医辨证属肾的阴、阳、气、精方面疾病患者常意守的部位。

会阴

在前后两阴之间，亦称为海底。它与性腺、性功能、生殖功能有密切关系，是"练精化气"的重要部位，可作为性功能低下患者的意守部位，对性欲淡漠、滑精早泄、男女不育等症有一定作用。

百会

为头顶正中最高处。此处为诸阳之会，与人体一身的阳气有密切联系。意守该处有升阳益气、提神醒脑的作用。临床上常为低血压、气虚下陷、精神萎靡、倦怠乏力等患者所意守，但高血压、肝阳上亢的病人禁用。

涌泉

在脚底中线前1/3处，此处为人站立时的最低点，为足少阴肾经的井穴。意守此处有镇静降压等作用。临床上适用于高血压、肝肾不足的阴虚火旺、肝阳上亢、心火上炎等上部疾病患者意守，即谓"上病下取"之意。

劳宫

握拳时，中指所对的地方，为心包经的穴位。适用于心神不宁的患者。在导引锻炼中，是练气、聚气、运气、布气的重要部位。

注意呼吸法

数息法

数呼吸的次数，可从一数到十或百，周而复始。可以数吸不数呼，也可数呼不数吸。

听息法

静心细听自己的呼吸是否细长而均匀，不计次数。

随息法

意念随呼吸气的出入，不计次数。

内视法

眼帘下垂或轻闭，目不外视，向内返观，可内视丹田、心肺等五脏六腑，注意内脏的活动，可以起到加强内脏功能的作用。

观想法

观想法即观想自然界的外景。外景可以是生态景观如青松、花草、山川、河流、大海、蓝天等，也可针对疾病选择外景。如阳虚内寒的病人宜观想明媚温暖的阳光；阴虚内热的病人宜观想宁静凉爽的夜空；阳盛火旺的病人宜观想冰天雪地的冬天；阴盛水寒的病人宜观想骄阳烈日的夏天等，这和中医"热者寒之，寒者热之，温者凉之，凉者温之"的治疗原则是一致的。

第二章
南少林易筋经：
自我修复十二式

十二式连续演示视频

  扫描以下二维码可观看南少林易筋经十二式的三种连续演示视频。在后面各节中将对每一式进行详细讲解，并有专门演示视频。

十二经筋与十二式纵览

以下各图中以红色标出本式拉伸到的经筋。

手太阴经筋　　　　　　　手阳明经筋

拱手环抱　　　　　　　　两臂横担

足阳明经筋　　　　　　　足太阴经筋

掌托天门　　　　　　　　摘星换斗

手少阴经筋

出爪亮翅

手太阳经筋

倒拽九牛尾

足太阳经筋

九鬼拔马刀

足少阴经筋

三盘落地

手厥阴经筋

青龙探爪

手少阳经筋

卧虎扑食

足少阳经筋

打躬势

足厥阴经筋

掉尾势

第一式 拱手环抱——手太阴经筋的拉伸

口诀

立身期正直,两目前平视,
臂直向胸屈,调气膻中聚,
气定神皆敛,心澄貌亦恭。

拱手环抱演示

基本动作

1.两脚并步直立,身体端正,双臂自然下垂,双膝保持直而滑利不僵的状态,双眼平视前方;全身自上而下头颈、肩、臂、平、胸、腹、臀、大腿、小腿、脚依次放松,躯体各关节及内脏放松,做到身无紧处,心无杂念,神意内收。

2.左脚向左分开,与肩同宽;双臂向前、向上划弧,屈肘内收,双手距胸约20厘米,掌心向里,指尖相对,手对膻中穴;平心静气,神态安详,呼吸自然。

- **动作要点** 宽胸实腹,气沉丹田,脊背舒展,沉肩垂肘,上虚下实。
- **呼吸要点** 双臂上抬时吸气,两掌心相对胸部时呼气。
- **意念及机制** 形成定式后,意守膻中穴,双手劳宫穴对着肺部,可以调节肺气,促使人体内的正气不断旺盛,沿着体内经络系统的分布正常运行,内通五脏六腑,外达四肢百骸。按照中医理论,肺主一身之气,是控制周身气运的总枢纽。肺主气的功能正常,则气运通畅,升降开合,呼吸均匀调和,从而达到心平、气定。气机能定,则心意澄清、神意内敛。这一式把四肢的气收入膻中,再下行丹田,意念把四肢内气都聚入丹田。在定式中感受手太阴经筋的拉伸。特别说明,易筋经每个动作都可根据身体的需要单独练习。
- **健身作用** 可以消除内心焦虑、稳定不安情绪,使心平气和、心肾相交、阴阳平衡、精神内收、遍体舒畅,达到防病治病、保健强身、预防早衰和延年益寿的目的。

第二式　两臂横担——手阳明经筋的拉伸

口诀

足趾柱地,两手平开,
心平气静,目瞪口呆。

两臂横担演示

基本动作

1. 双手缓缓前伸至两臂伸直,与肩同宽,掌心向上。

2. 两臂向身体两侧分开成侧平举,两臂平直,掌心向上,双手稍高于肩,有向两侧伸展之意;肩关节有意识地向下松沉,舒胸;两眼平视前方,眼神延伸极远;百会虚领上起,躯干有向上伸展之意;松腰,臀部自然向下松垂,两脚有向地心伸展之意。

●动作要点　以腰为轴,使体前部位劲力内收,展中寓合,合中寓展。

●呼吸要点　在胸前分开手的时候吸气,五指张开,如展翅,手心向上与肩平,到肩平的时候应该是五指微微向上,掌心向肩外,呼气。这个动作配合呼吸把劳宫和膻中的气联系起来了,发动了整个气机,是对前一式练气的一个升级放大。做完这一式顿觉气机大开，气感强烈。

●**意念及机制**　意念要始终寄于掌心和脚尖，这样才能做到心平气静。面部表情为目瞪口呆，若目乱视或口动，必然气粗，站立不稳，东倒西歪，飘摇欲坠。气由总枢纽发动下送丹田，调气运行，发挥气机功能，气由丹田向上运行，经中脘、膻中，分线到两臂内三阴经到内劳宫穴，掌心有发热感、麻胀感。保持定势时，只要留意下腹部脐下三指的地方，可以体验到肚脐下丹田张开，从腿下有丝丝凉气进入，这就是聚气丹田的方法，然后就会感受到全身发热。正所谓一呼一吸降龙虎，水火升沉既济成。从此丹田开启，由此可入练气之道。第一式拱手环抱动作只是激发了人体关键的得气穴位经络，而第二式两臂横担动作借呼吸、动作和姿势发动气机，把气直接运行到丹田，不仅疏通全身经络，同时也连接了天地之气。大家在保持静态功架感受气血运行的同时，也能感受到手阳明经筋的静力拉伸。

●**健身作用**　舒胸理气，健肺纳气。展臂舒体，矫正腰背畸形，伸肱理气，贯注百脉。《黄帝内经》有"五脏六腑之气，皆贯注与肺"及"肺朝百脉"之述，故此式有助改善心肺功能，对肺气肿、心肺病及心肌缺血有一定疗效。

第三式 掌托天门——足阳明经筋的拉伸

口诀

掌托天门目上观，足尖着地立身端，
力周腿胁浑如植，咬紧牙关不放宽，
舌可生津将腭舐，鼻能调息觉心安。

视频链接

掌托天门演示

基本动作

1. 两臂屈肘，两掌心向内、向耳旁合拢。

2. 提踵，同时双手反掌上托，举至头顶前上方，掌心斜向上，双手指尖相对，两臂展直，有向上伸展之意，仰面观天，似遥望天之极处（也可轻闭双眼），配合吸气。

3. 两手向身体两侧下落，掌心逐渐翻转向下，两脚跟随之缓缓下落，配合呼气。

●**动作要点** 身体和上肢动作舒松，但松而不懈，要有内劲；提踵时，两膝伸直内夹，可以提高动作的稳定性。

● **呼吸要点** 上托时吸气，下落时呼气。

● **意念及机制** 在练习时要注意不可仰头真的用眼去看，要用意识向上"内视"，从"天门"观看到两掌。误用"观法"可能会头晕脑胀，站立不稳。在做动作的同时，还须用脚尖点地，继续升起后脚跟，以不能再升高为度。后脚跟微微向两侧分开些，使会阴穴收合，关闭"地户"，使三阴的气脉顺三阳而逆运上升，使背部"三关"自然通畅，同时动作会自然稳固。这动作看似简单，实际很难做到纯熟，如果练得合度，全身筋脉会自然绷紧，像钢铁般的坚硬，尤其是身体两侧的肌肉、骨骼等部位，即足阳明经筋所循行的肌肉特别明显。

● **健身作用** 对腰痛、肩臂疼痛有较好的治疗效果。两臂上举伸长肢体和脊柱，有调理三焦的作用。三焦，大部分人认为"上焦主纳，中焦主化，下焦主泄"，《难经》中亦有"三焦者，原气之别使也"的人体生命之气说，故通过调理三焦，激发五脏六腑之气，起到防治内脏诸病的作用，对心肺疾病、脾胃虚弱及妇科病等疾患有一定疗效。

第四式　摘星换斗——足太阴经筋的拉伸

口诀

只手擎天掌覆头，更从掌内注双眸，
鼻吸口呼频调息，两手轮回左右眸。

摘星换斗演示

基本动作

1. 重心移向右腿，左脚提起，两手上提至腰侧，配合吸气；上体左转，左脚向左前方跨出，屈膝半蹲，成左弓步；同时，右手向后，掌背附于腰后命门穴处，左手向左前方伸出，高与头平，掌心向上，意念延及天边，目视左手指尖，配合呼气。

2. 重心后移，上体右转，右腿屈膝，左腿伸直，脚尖上翘；同时，左手随转体向右平摆，眼神随左手移动，配合吸气。

3. 上体左转，左脚稍收回，脚尖点地成左虚步；同时，左手随体右摆，变勾手举于头前上方，屈肘拧臂，勾尖对眉中成摘星状，眼视勾手并延伸极远，配合呼气。

4. 左脚收回，右脚向右前方伸出，成右弓步；左勾手变掌下落至背后，右手向右前上方伸出，做右式动作，整套动作与左式相同，唯方向相反。

5. 双手下落于体前，右脚收回，并步直立。

●**动作要点**　整个动作变化，均应用腰来带动，体现协调柔和；屈臂勾手内旋，应做到力尽。意念上，手的摆动好似在空中摘星揽月，最后神归天目。

●**呼吸要点**　穿掌时吸气，虚步勾手时呼气，成定式时自然呼吸。

●**意念及机制**　在做这个动作时体内气机的吐纳，须用"鼻吸口呼"的方法，把气息调匀。在调节肝脾后，避免肝脾不调的练习者逆气上冲。做到口微开，浊气出，任脉气清，丹田饱满，命门充实。摘星换斗这个动作的关键是一面用眼注视左掌心，一面则把意念集中在右手背贴着的腰眼，随呼吸吐纳，腰眼自然产生一凸一凹的现象，手背随着这种凸凹开合的动作微微运动。所谓摘星换斗，从外向内才是摘，有收摘的意思；两手要转动，互相带动；转动时，两侧跷脉、维脉气血充盈，身体开始发热。久练后有"人在气中，气在人内"，内外一气、天人合一的感觉。

●**健身作用**　此式主要是作用于中焦，肢体伸展宜柔宜缓，上体转动幅度要大，交替牵拉，使肝、胆、脾、胃等脏器得到柔和的自我按摩，促进胃肠蠕动，增强消化功能，故有调理脾胃、治疗胃脘胀痛及排浊留清的作用；并通过肢体运动，治疗颈、肩、腰等诸关节的疼痛，提高下肢肌肉的力量。

第五式　出爪亮翅——手少阴经筋的拉伸

口诀

挺身兼怒目，推窗望月来，
排山还海汐，随息七徘徊。

视频链接
出爪亮翅演示

基本动作

1. 双掌变拳，上提至胸两侧，拳心向上，同时配合吸气。

2. 提踵，同时两拳变掌缓缓向前推出，随前推掌心逐渐翻转向下，至终点时，坐腕、展指、掌心向前，两手高与肩平，同肩宽，双臂伸直；眼平视指端，眼神延伸极远；同时配合深长呼气。

3. 落踵，两臂握拳收回至胸前，再沿两肋下落于体侧，成直立式。

●**动作要点**　推掌亮翅时，脚趾抓地，力由下而上，并腿伸膝，两胁用力，力达指端，同时要鼻息调匀，咬牙怒目，内外相合。

●**呼吸要点**　提拳时吸气，推掌时呼气，成定式时自然呼吸。

●**意念及机制**　出爪亮翅动作，遵循了传统阴阳学说的基本理论，反映出易筋经外在动作导引、内在精神意识活动与呼吸吐纳三者之间的完美协调（三调合一）。因为动作力量在意识的支配下，结合呼吸发生由小变大和由大变小的调节（阴阳消长、阴阳转化），能够使胸、背、肩以及手臂等部位的大小肌群和筋膜，以及大小关节处的肌腱、韧带、关节囊等结缔组织受到一定强度的伸拉力量刺激，起到松解黏滞、滑利关节（对肩关节周围炎或肩背痛有一定的辅助治疗作用）、强筋壮骨、增强体质的作用；精神意识的先轻如推窗、后重如排山倒海的松与紧的变化，则可使两臂的导引用力，做到轻松自如、舒展大方，达到调和气血、强身健心的目的。从中医角度分析，云门穴位于人体锁骨之下、肩胛骨喙突内方的陷处，是手太阴肺经上的一个穴位。手太阴肺经是从肺内向上，由云门等穴而出，行于上肢的经络；云门穴又是手太阴肺经连接内外的门户，而坐腕立掌，五指外张成荷叶掌，对手三阴三阳经络皆产生相应的有效刺激，特别是拇指相对用力，对加强手太阴肺经的作用更为有效。中医认为：肺是人体的五脏之一，称为"华盖"，其生理功能是主气，司呼吸，为百脉所会聚的地方。双手立掌云门穴，做展肩扩胸导引，可开启云门、中府等穴，使人体吸纳较多的清气，促进了自然清气与人体真气在胸中交汇融合，起到改善呼吸功能及全身气血运行的作用。此外，中医谚语有云："肺心有邪，其气留于两肘"，通过屈肘、展肩、扩胸及前伸等运动，不仅对肘关节，而且对背部的心俞穴、肺俞穴、大杼穴、膏肓穴等也有一定的作用。膏肓与膻中就像手心和手背，能够运动到膏肓，也就能运动到膻中。比如说出爪亮翅，没有扩胸和含胸，就没有肩胛骨的一开一合。正是在前胸、后背的共同运动中，达到对夹脊、膏肓、膻中、胸腺的共同刺激。所以运动膏肓，除一身之疾，其实说的是对人体综合的保健效果。

●**健身作用** 此式主要运动四肢，可疏泄肝气，调畅气机；能培养肾气，增强肺气，有助于气血运行，对老年性肺气肿、肺心病有效。另外，还有增强全身筋骨和肌肉的作用，可灵活肩、肘、腕、指诸关节。

第六式　倒拽九牛尾——手太阳经筋的拉伸

口诀

两腿前弓后箭，小腹运气空松，

用意存于两膀，擒拿内视双瞳。

倒拽九牛尾演示

基本动作

1. 左脚向左横跨一步，相距约三脚宽；两臂由体侧上举至头两侧，两臂伸直，两掌心相对，指尖向上，配合吸气。

2. 两腿屈膝下蹲，成马步；两掌变拳，由头上向体前下落至两腿之间，两臂伸直，拳背相对，配合呼气。

3. 两拳由下上提至胸前，拳心向下，配合吸气；再由胸前向两侧撑开，两拳逐渐变掌，坐腕、展指，掌心向两侧，指尖向上，两臂撑直，有向两侧推撑之意，配合呼气。

4. 身体重心移向右腿，左脚尖外展90°，之后身体重心再向左腿移动，成左弓步；同时两掌逐渐变拳，左手向下、向腹前、再向上划弧摆至脸前，掌心对脸，上臂与前臂成直角；右手经头部右侧，向前、再向身体右侧后摆动，拳心向后，两臂内旋充分后摆，眼看左拳，两拳有前拉后拽之意，配合自然呼吸。

5. 上体前俯至胸部靠近大腿，弓步姿势不变，左拳与脸的距离不变，右拳与身体的距离不变，同时配合呼气。

6.上体后仰,左拳与脸的距离不变,右拳与身体的距离不变,眼看左拳,配合吸气。

7.两臂成侧平举,上体右转,再做右式动作,整套动作与左式相同,唯方向相反。

8.重心移向左腿,右脚内扣,左脚收回,并步直立;两臂由侧平举下落至体侧,成直立式。

●**动作要点**　成弓步、上体前俯后仰时,力注前臂。前俯时,意念握住九牛尾,有身后向前倒拽之意。后仰时,意念手握马缰,拉动八匹马,以体现内劲之意。

●**呼吸要点**　前俯时吸气,后仰时呼气,成定式时自然呼吸。

●**意念及机制**　开始时的上举、下拽、横撑等动作,不仅平衡了气血,而且强壮了膻中、劳宫穴,打通了心包经络。动作"倒拽九牛尾",巧妙在于两腿用力,劲力用于胸肋部位,而这些部位平常是很少得到运动的,前呼后吸,实质是抑制一侧同时开放一侧,这样既符合阴阳相生原理,又适应一般人气血不足的实际情况,集中气血开通一侧,再左右结合,达到气血全开的目的。其次是握拳,收敛气血于筋骨,合于肝肾。《黄帝内经》云:"肝主筋,肾主骨。"这样的姿势和动作结合手型再加上呼吸,很充沛地畅通了身体两侧肝脾,可单独练习作为保健肝脾的一种方式。经过锻炼,练习者会感到心情舒畅,甚至腹中鸣动,腰腿有力,带脉自动激发打开。

●**健身作用**　前俯时,可增进两膀气力,防治肩、背、腰、腿酸痛。两眼观拳,聚精凝神,对眼进行弛张锻炼,可以改善眼部的血液循环。

第七式　九鬼拔马刀——足太阳经筋的拉伸

口诀

侧首屈身，按压玉枕，
右腋开阳，左阴闭门，
扭腰转腹，自视昆仑，
左右轮回，阴阳调平。

九鬼拔马刀演示

基本动作

1. 左脚向左横跨一步，两脚平行站立，与肩同宽；两手腹前交叉，左手在前，由体前上举至头前上方，两臂微屈，配合吸气。

2. 两手由头上向身体两侧下落至体侧，配合呼气。

3. 左手由体侧向前上举至头上，之后左臂屈肘，左手落至头后食指点按风池穴，右手背至腰后，掌背向内，附于命门穴，配合吸气。

4. 身体充分向右拧转，眼向后看；身体转正，之后再充分向左拧转，眼向后看；同时配合缓缓的深长呼吸。

5. 身体转正，两臂呈侧平举再下落至体侧，两手在腹前交叉，再做右式动作，整套动作与左式相同，唯方向相反。

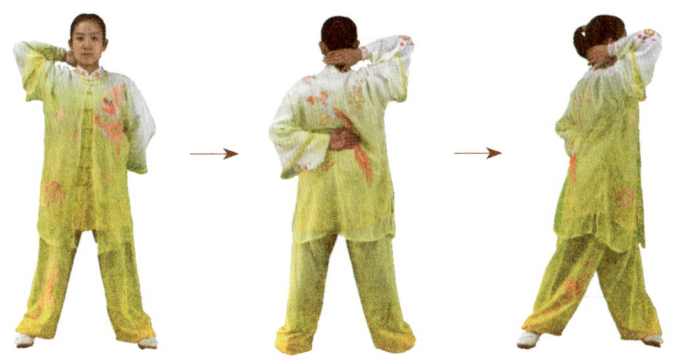

6. 身体转正之后，两臂呈侧平举，再下落至体侧，左脚收回，成直立式。

●**动作要点**　上体左右拧转时，要保持中轴正直，两臂前举后收要充分。

●**呼吸要点**　抱头手后背时吸气，转身后看时呼气。

●**意念及机制**　这是左右对称的两个动作，秉承了前面几式抑扬结合的原则：关闭一侧，旺盛一侧。该式最大的特点在于上"掌心压颈椎，紧紧扣住玉枕关"和下"外劳宫贴命门"，并且用劳宫配合督脉呼吸。这样效果很好，有清利大脑，活血颈椎，通畅督脉，强化劳宫的作用，也合乎"心神主脑"的医理。该式适合久坐且颈椎、肩椎不适的人作为常规保健动作练习，同时也是通督脉的好方法。随着练习的深入，也可以把掌反贴两肩胛骨之间，起到补虚通气的作用。

●**健身作用**　此式主要锻炼腰、腹、胸、背等部位的肌肉，并通过对脊柱诸关节的拧转，增强脊柱及肋骨各关节的活动，促进胸壁增加柔软性及弹性，对防治老年性肺气肿有效。头颈部的拧转运动，能加强颈部肌肉的伸缩能力，改善头部的血液循环，有助于解除中枢神经系统的疲劳，对防治颈椎病、高血压、眼病和增强眼肌有一定效果。全身（包括下肢）极力拧转，能改善静脉血液的回流。

第八式 三盘落地——足少阴经筋的拉伸

口诀

上腭抵尖舌，张眸又咬牙，
开裆骑马式，双手按兼拿，
两掌翻阳起，千斤仿佛加，
口呼鼻吸气，蹲足莫稍斜。

基本动作

1.左脚向左横跨一步，两脚平行开立，相距三脚宽；两臂由身体两侧向体前上举，两臂伸直，与肩同高、同宽，掌心向上，配合吸气。

2.两掌心翻转向下，下落至两膝外侧，两手拇指朝里相对，同时屈膝下蹲，成马步，配合呼气。

3. 两腿缓缓伸直，同时两掌心翻转向上托起至两肩前侧，配合吸气。

4. 两腿屈膝深蹲，同时两掌心翻转向下按至两大腿外侧，指尖指向左右两侧，配合呼气。

5. 两腿缓缓伸直，同时两掌心翻转上托至两肩侧（两臂约成一字形），配合吸气。

6. 两腿屈膝下蹲，成马步，同时两掌心翻转向下落至两膝外侧，两手拇指朝里相对，配合呼气。

● **动作要点**　两手向上，如托千斤；两手下落，如按水中浮球，意贯内力。

● **呼吸要点**　两腿伸直时吸气，下蹲时呼气。

● **意念及机制**　该动作增强了下肢力量，激发全身气血加快循环，起到内外气融为一体的目的。两臂手掌上下运动，气血充盈两掌，此时膻中穴打开，任脉随着身体上下起伏彻底打开，借助手臂贯通劳宫，引外气进入任脉，滋养五脏，一身清爽。由于身体连续三次蹲起，透过两手劳宫强化了气机，借助接引外气进入任脉，通过后天阳气激发，气由命门入肾化于脊柱，气也由命门直下足三阴，行于肝、脾、肾，缓解肝、脾、肾阴虚。所谓气补就是这个道理。

● **健身作用**　此式活动肩、膝等关节，配合深蹲练习，能增强腿部力量，对蹲起功能的维持有良好效果，促进大腿和腹腔静脉血液的回流，特别是对盆腔的瘀血消除有较好的效果。

第九式　青龙探爪——手厥阴经筋的拉伸

口诀

青龙探爪，左封右潮，
乘风破浪，寻食气高，
扭腰转腹，云门左露，
调息微嘘，卷傍肋部。

基本动作

1.（接上式）两腿缓缓伸直；同时两掌变拳收至腰前侧，拳面抵住章门穴，拳心向上，右拳变掌举至头上，掌心向左，右臂靠近头部，配合吸气。

2. 向左侧弯腰，右腰充分伸展，面部向前，右臂靠近头部，充分伸直，右手掌心向下，配合呼气。

3. 向左转体至面部向下，上体充分向左前俯，右手充分向左探伸，眼看右手，配合吸气。

4. 屈膝下蹲，两大腿与地面平行，同时身体逐渐转正，右臂随转体由身体左侧经两小腿前划弧至右腿外侧，掌心向上，配合呼气。

5. 两腿缓缓伸直，再做右式动作，整套动作与左式相同，唯方向相反。

6. 两腿缓缓伸直，同时两手收至腰间握拳；左脚收回，并步直立。

●**动作要点**　手臂充分侧伸，上体由侧屈转为向前，由吸气转为呼气协调配合，以气带动，方能使动作连贯圆活。

●**呼吸要点**　鼻吸鼻呼气。

●**意念及机制**　青龙在丹经里表示心，心藏神，那么这一式一定和心有关系，所以说青龙探爪探的是手厥阴经筋心包经。这个动作专练肺、肝、胆和带脉，即所谓降龙伏虎的动功。右爪侧探把右边的期门穴、云门穴张开，而左边的期门穴、云门穴闭着。侧身拧转，腰腹处带脉得到锻炼，左右交替进行，符合太极的原理。

●**健身作用**　此式对腰、腿软组织劳损，转腰不便，脊柱侧弯，腿及肩臂酸痛、麻木及屈伸不利有效。通过侧弯腰及拧腰前探对胁间肌抻拉，胸廓相对增大，使肺的通气量加大，肺泡的张力增强，从而可治疗老年性的肺气肿及肺不张。通过对章门穴的按压，可达到协调五脏气机、调理脾胃的作用。

第十式　卧虎扑食——手少阳经筋的拉伸

口诀

两足分蹲身似倾，左弓右箭腿相更，
昂头胸作探前势，翘尾朝天掉换行，
呼吸调匀均出入，指尖着地赖支撑，
还将腰背偃低下，顺式收身复立平。

卧虎扑食演示

基本动作

1. 向左转体90°，左脚向左迈出一大步，成左弓步；两手由腰侧做向前扑伸动作，两手高与肩平、宽同肩，掌心向前，坐腕，两手呈虎爪状，配合呼气。

2. 上体前俯至胸部贴大腿，两手掌心向下贴地，继续呼气；抬头眼看前方，瞪眼，配合吸气。

3. 上体抬起，直立，身体重心充分向右腿移动，右腿屈膝，左腿蹬直；同时两手沿左腿两侧，经腰侧，提至胸前，两手呈虎爪状，同时配合深吸气。

4. 右腿蹬地，身体重心前移，成左弓步；同时两手向前做扑伸动作，两臂伸直，两手呈虎爪状，配合深呼气，也可发声，以声催力。

5. 两臂外旋，掌心向上，握拳收至腰侧；身体重心移至左腿，右脚收至左脚内侧，再向右转体180°（下图中的第1张），右脚向右迈出一大步，成右弓步，再做右式动作，整套动作与左式相同，唯方向相反。

6.两臂外旋，两掌心翻转向上，两掌变拳，之后收至腰两侧；身体转正，左脚收至右脚内侧，两脚并拢，同时两手下落，两臂自然下垂于体侧，成直立式。

●**动作要点**　向前扑伸，注意发力顺序，起于根、顺于中、达于梢，腿、腰、臂三节贯通，力达虎爪。

●**呼吸要点**　鼻吸口呼气。

●**意念及机制**　虎一直是人们喜爱的保护神，崇虎已成为中华民族共同的文化理念。本式取卧虎扑食势为名，就是在崇虎文化的背景下，认为虎是百兽之王，能吸天地之灵气自养壮威，人学其势，旨在调和内在神气，疏通经脉关节，使内在神气与天地之气接通，吸取天地间的灵气，以滋养人体内的元神元气，增强自身的精神气魄、体力。本式动作就是借虎的姿势来练内气，增强内力，调和元神元气，以锻炼全身筋骨血脉，达到强身健体，延年益寿之目的。此姿势着重撑伸任脉，旨在调理任脉，沟通任督，平衡阴阳，起到疏通经脉、关节、流畅气血的作用。气息出入均匀、缓慢和畅，则能心静体松，气和神定。通过手指足趾尖着地来支撑身体，能起到锻炼筋骨、增强内力的作用，使神气充满全身内外上下。此式的功用很大，练之得法，定能受益。

●**健身作用**　此式神威并重，势不可挡，有强腰壮肾、健骨生髓之效。

第十一式 打躬势——足少阳经筋的拉伸

口诀

两手齐持脑，垂腰至膝间，
头惟探胯下，口更齿牙关，
掩耳鸣天鼓，调元气自闲，
舌尖还抵腭，力在肘双弯。

打躬势演示

基本动作

1. 左脚向左横跨一步，两脚平行开立，屈膝下蹲，成马步；同时两臂由体侧上举至头上，两拳心相对，之后两掌下落，屈肘抱于脑后，掌心紧按两耳，两肘向两侧打开与身体在同一平面上。

2. 上体前俯，胸贴近大腿，低头，两腿由屈变伸，充分伸直；两肘内合，两手以食指、中指、无名指交替在脑后轻弹数次，做"鸣天鼓"，配合自然呼吸。

3.身体直立,两腿屈蹲,成马步;两手抱于脑后。

●**动作要点** 上体直立时,两肘打开;上体前俯时,两肘用力夹抱后脑,咬牙,舌抵上颚,鼻息调匀。

●**呼吸要点** 鼻吸鼻呼气。

●**意念及机制** 这个动作本身就有导引肾经络的效果,运动腰肾部,伸展脊背,增强活力。形体的开合在于打躬和起身,躬身下探时保持肩背平直,起身后抬头、挺胸、挺腹,确保身体的舒展,以疏导肾经。肾与膀胱相表里,中医学认为"肾开窍于耳",导引此势时,需用两手手心劳宫穴掩紧两耳使之"闭",并向下打躬;起身时再逐渐放松使之"开",也有心肾交泰的养生观念。

●**健身作用** 此式躬身轻击头的后脑部,可促使血液充分流注于脑,改善脑部血液循环,有醒脑、名目、美颜的效果,并能消除脊背紧张,使其柔韧有力。可作为青少年脊柱侧弯、项背筋膜炎、肾虚腰痛的传统体疗方法。

第十二式 掉尾势——足厥阴经筋的拉伸

口诀

膝直膀伸，推手及地，
瞪目摇头，凝神一志，
抬头翘尾，身屈肢直，
祛病延年，无上三昧。

掉尾势演示

基本动作

1.（接上式）两腿缓缓伸直；同时两手向头上撑起，掌心向上，指尖相对，两臂充分伸直，靠近头部，配合吸气。

2. 上体左转90°，再前俯，两膝伸直，两手靠近左脚外侧，两掌心贴地，两指尖相对，配合呼气，再抬头。

3. 上体直立（下图中的第 1 张），身体转正，配合吸气；上体右转 90°（下图中的第 2 张），再前俯，两膝伸直，两手靠近右脚外侧，两掌心贴地，两指尖相对，配合呼气，再抬头。

4. 上体直立（下图中的第 1 张），身体转正，两手仍在头上撑起，掌心向上，指尖相对，两臂充分伸直靠近头部，配合吸气。

5. 上体后仰，约与地面平行，同时两手由头上向肩两侧分开，掌心向上，指尖向两侧，继续吸气。

6. 上体前俯，两臂由体侧向前摆至两肩前，两掌心向上，两臂充分伸直，抬头眼向前看；之后身体前俯，两手内旋，掌心向下，指尖相对，下按至两脚内侧，两手贴地，胸部靠近大腿，配合呼气。

7. 上体直立，同时两臂前平举，两掌心翻转向上，配合吸气；之后两掌心翻转向下，俯掌下按收至身体两侧，左脚收至右脚内侧，两脚并拢，呈直立式，配合呼气。

●**动作要点**　上体向左、右、前、后四个方位俯仰运动，两膝必须伸直，充分伸展，拔长相关肌群和韧带，运动幅度因人而异，由小至大，循序渐进。

●**呼吸要点**　鼻吸鼻呼气。

●**意念及机制**　根据功法文献及功法的动作要领要求，"掉尾势"应该具有两方面的意义，一是指结尾，即是功法最后结束练功的部分，收功的一种方法；二是指尾闾、尾椎、尾骨。尾闾动，脏腑及脊背动，使脏腑间的筋膜得到锻炼，内感增强，有利于相应经络的畅通，增加周身气血供应，增强机体活力，提高人的运动能力，具有延年益寿之功效。从中医阴阳学说、经络学说的角度，可发现本式动作的身体前屈是对督脉的锻炼，塌腰、挺胸、抬头是对任脉的锻炼。这组身体前屈、抬头、挺胸、塌腰和翘尾的姿势动作，可以伸展胸腹前的任脉，挤压刺激背后的督脉；而旋尾转身动作可刺激肋腰部两侧的大包、期门、日月、章门；还可以刺激背部的风门、膏肓、肺俞、心俞、膈俞、肝俞、胆俞、脾俞、胃俞、肾俞、膀胱俞、次髎等要穴，以及对任督二脉可起到进一步的梳理作用；对调节五脏六腑的功能也具有良好的作用。本式动作就是通过体前屈及抬头，静心松体，精神内守，专心用意引动尾闾左右旋转摆尾，带动脊柱左右节节涌动，形成摆尾摇头之势，使神、气、形融为一体，做到神到、气到、力到，神、气、力收发自如，进而使全身经络气血在前各式动作锻炼的基础上得到进一步的调和，达到筋柔骨坚、延年益寿之目的。

●**健身作用**　此式神筋拔骨、转骨拧筋、扭转脊柱及全身各个关节，充分活动全身及最大限度地活动脊柱，对脊柱及脊柱周围的神经丛有良好的刺激作用，长期锻炼有一定的抗衰老作用，故有"动诸关节以求难老"之说。可作为慢性疲劳综合征、肩关节周围炎以及腰背部等慢性病症的传统体疗方法。

第三章
南少林易筋术：
快速祛除酸痛

颈部酸痛易筋术

人们运动训练时很少会考虑到颈部肌肉，直到颈部僵硬时才意识到颈部柔韧性的问题。颈部僵硬通常与不正确的姿势有关，但是任何身体活动都可能导致这一症状。颈部的柔韧性不好，通常是因为颈部保持在某一位置的时间过长。另外，锻炼后，颈部肌肉劳累也会使颈部僵硬。下面的易筋术训练可以帮助恢复由于运动、不正常的姿势引起的颈部酸痛。

双人拉伸祛痛

动作要领

1. 被施术者端坐，下颌稍内收。

2. 施术者站在其身后，前臂固定在冈上窝外 1/2 处，另一手夹持耳朵稍上提（延展），并固定其头部。

3. 被施术者须鼻吸口呼，深吸气后缓慢呼出，呼出时先缓慢侧屈，持续 30 秒后再鼻吸口呼，再持续 30 秒。

4. 施术者用固定头部的手嘱被施术者抗阻力，鼻吸口呼，持续 5 秒。

5. 鼻吸口呼，呼气后协助还原。

●**呼吸与意念的配合** 被施术者头部侧屈时须配合呼气放松,达到极限后,第二次再配合呼气放松,再到极限,第三次先吸气再闭气,颈部肌群向相反方向用力对抗,持续时间5秒。将意念气血灌注到颈部经筋中。

●**治疗作用** 疏通手阳明经筋颈肩段,强壮经筋所循行处的肌肉。用于修复提肩肌、斜角肌的损伤,预防和辅助治疗颈椎病。

自我拉伸祛痛

颈伸肌拉伸

动作要领

坐直或站直,两手交叉置于后脑顶部附近。轻轻将头部垂直向下拉,尽可能使下巴接触胸部。

●**肌肉分析**　拉伸度较大的肌肉：斜方肌上部。

●**动作分析**　这种拉伸训练既可采用坐姿，也可采用站姿。坐姿训练，拉伸度会大些；站姿训练时，拉伸能力会降低，因为要保持平衡，会产生牵张反射，所以忌耸肩以免减少拉伸。另外，要尽可能伸直颈部（不要弯曲），尽可能使下巴接触胸部最下方。

●**呼吸与意念的配合**　双手向下拉伸时，呼气放松，尽可能达到颈部后侧肌群拉伸极限；第二次拉伸时再配合呼气放松，再到极限；第三次先吸气再闭气，颈部肌群向相反方向用力对抗，持续时间5秒。将意念气血灌注到颈部后侧肌群中。

颈伸肌回旋牵拉

动作要领

坐直或站直，将左手置于后头顶附近；将头向斜下方拉，使下巴尽可能地靠近左肩。以上为拉伸右侧的动作，拉伸左侧的动作与右侧相同，唯方向相反。

●**肌肉分析**　拉伸度最大的肌肉：右或左侧斜方肌上部、右或左侧胸锁乳突肌。

●**动作分析**　这种拉伸训练既可采用坐姿，也可采用站姿。坐姿训练，拉伸度会大些；站姿训练时，拉伸能力会降低，因为要保持平衡，会产生牵张反射，所以忌耸肩以免减少拉伸。另外，要尽可能使下巴接近左肩或右肩。

●**呼吸与意念的配合** 左手向左下方拉伸时，呼气放松，尽可能达到颈部右后侧肌群拉伸极限；第二次拉伸时再配合呼气放松，再到极限；第三次先吸气再闭气，颈部左后侧肌群向相反方向用力对抗，持续时间5秒。将意念气血灌注到颈部右后侧肌群中。拉伸左侧的动作与右侧相同，唯方向相反；配合方法相同。

颈屈肌拉伸

动作要领

坐直或站直；两手交叉，手掌置于前额；将头向后拉直至鼻子正对天花板。

●**肌肉分析** 拉伸度最大的肌肉：胸锁乳突肌。

●**动作分析** 这种拉伸训练既可采用坐姿，也可采用站姿。坐姿训练拉伸度会大些；站姿训练时，拉伸能力会降低，因为要保持平衡，会产生牵张反射，所以忌耸肩以免减少拉伸。另外，要尽量将下巴向后绷紧。

●**呼吸与意念的配合** 双手向后按压时，呼气放松，尽可能达到颈部前侧肌群拉伸极限；第二次拉伸时再配合呼气放松，再到极限；第三次先吸气再闭气，颈部肌群向相反方向用力对抗，持续时间5秒。将意念气血灌注到颈部前侧肌群中。

肩部酸痛易筋术

肩部常见疾病大多是因为斜方肌、三角肌、冈上肌、菱形肌、肩胛提肌等肌肉僵硬、痉挛、产生酸痛造成的。这些肌肉的僵硬通常是其对抗肌本身的僵硬造成的，紧张的胸部肌肉（即胸大肌）导致上背肌肉牵伸水平低下，而牵伸水平低下拉长了与上背肌相关的韧带和肌腱。

双人拉伸祛痛

动作要领

被施术者自然盘坐，双手后伸，屈臂，手心贴住腰部，施术者在其身后成跪步势，双手扶其肘部，双手同时向内用力到极限。

●**呼吸与意念的配合**　当两肘向内压时被施术者配合呼气放松，手臂上抬到极限；第二次再配合呼气放松，再到极限；第三次先吸气再闭气，两肘向相反方向用力对抗，持续时间5秒。将意念气血灌注到手太阴经筋中。

●**治疗作用**　这组动作主要用于修复三角肌前束，对肩周炎有辅助治疗作用。

自我拉伸祛痛

单侧肩屈肌拉伸

动作要领

直立（或坐在无靠背的椅子上），右手置于后背，肘部弯曲至 90°，两脚与肩同宽，脚尖朝前，左手抓住右手肘部；从背后拉右臂至左肩处。以上为拉伸右侧的动作，拉伸左侧的动作与右侧相同，唯方向相反。

 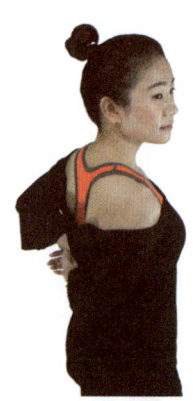

●**肌肉分析** 拉伸度最大的肌肉：右或左侧胸大肌、右或左侧三角肌前部、右或左侧三角肌中部。

●**动作分析** 在做动作时如果够不着肘部，也可以抓住手腕。抓住手腕时，容易把手绕到后背，但要记住抓得越上，后伸的程度越上，拉伸效果就越佳。另外，要将肘部锁定在 90° 左右。不能弯腰，弯腰会影响到拉伸的力量。

●**呼吸与意念的配合** 左手向左拉伸时，呼气放松，将肩部肌群拉伸到极限；第二次再配合呼气放松，再到极限；第三次先吸气再闭气，将右侧肩部肌群向相反方向用力对抗，持续时间 5 秒。将意念气血灌注到肩部右侧肌群中。拉伸左侧的动作与右侧相同，唯方向相反；配合方法相同。

肩内收肌、前伸肌和上提肌拉伸

动作要领

两脚直立与肩同宽，右臂从身前绕至右手接近左髋处，左手抓住右手肘部；左手向下用力将右手肘部拉至身体左侧。以上为拉伸右侧的动作，拉伸左侧的动作与右侧相同，唯方向相反。

●**肌肉分析**　拉伸度最大的肌肉：右或左侧三角肌后部、右或左侧背阔肌、右或左侧肱三头肌、右或左侧斜方肌下部和中部。

●**动作分析**　为了能达到最大化的拉伸，不要耸肩或弯腰。如果不能将手绕至髋处，尽可能地靠近即可。只要手臂的位置低于肩，就能拉伸到所提到的肌肉。

●**呼吸与意念的配合**　左手向下拉伸时，呼气放松，将肩部肌群拉伸到极限；第二次拉伸时再配合呼气放松，再到极限；第三次先吸气再闭气，将右侧肩部肌群向相反方向用力对抗，持续时间5秒。将意念气血灌注到肩部右侧肌群中。拉伸左侧的动作与右侧相同，唯方向相反；配合方法相同。

手臂酸痛易筋术

上臂的主要关节——肘关节是滑车关节，只能做或伸或屈的运动。控制手腕、手和手指运动的大多数肌肉都分布在肘或肘附近，这就形成了肘部附近的肌腹和绕经腕部到达腕关节、手及指骨的肌腱。腕伸肌较僵硬时，会导致肘内侧（靠近身体）的疼痛。

双人拉伸祛痛

动作要领

1. 被施术者盘坐。

2. 施术者坐在垫上，背对被施术者，要求其双手后伸分别轻靠在施术者肩膀上，两手心向外，施术者双手分别握住被施术者腕部。

3. 被施术者鼻吸口呼，深吸气后缓慢呼出，呼气时施术者双手向内用力，牵拉至被施术者最大限度时持续 30 秒。

4. 要求被施术者鼻吸口呼，用其 50% 力量手臂内收抗阻力，持续 5 秒。

5. 被施术者鼻吸口呼，呼气后施术者协助还原。

●呼吸与意念的配合　当被施术者两手臂外展时配合呼气放松，达到极限后，第二次再配合呼气放松，再到极限，第三次先吸气再闭气，手臂肌群向相反方向用力对抗，持续时间 5 秒。将意念气血灌注到腿部手少阴经筋中。

●治疗作用　用于修复喙肱肌、肱肌的损伤，对治疗肩关节屈和内收、屈肘有较好疗效。

自我拉伸祛痛

肘伸肌（肱三头肌）拉伸

动作要领

坐直或站直，右臂肘部弯曲；抬右臂直至肘部靠近右耳，右手靠近左肩胛骨；用左手抓住右臂肘部，于脑后向地面方向推或拉右臂肘部。以上为拉伸右侧的动作，拉伸左侧的动作与右侧相同，唯方向相反。

- **肌肉分析** 拉伸度最大的肌肉：右或左侧肱三头肌。
- **动作分析** 坐在有靠背的椅子上做这种牵伸能更好地控制平衡。身体处于平衡状态时，肌肉的拉伸力更强。
- **呼吸与意念的配合** 左手向下拉伸右手时，呼气放松，将手臂后侧肌群拉伸到极限；第二次拉伸时再配合呼气放松，再到极限；第三次先吸气再闭气，将手臂后侧肌群向相反方向用力对抗，持续时间5秒。将意念气血灌注到手臂后侧肌群中。拉伸左侧的动作与右侧相同，唯方向相反；配合方法相同。

指屈肌拉伸

动作要领

坐直或站直；肘部伸直，腕部尽量伸展，手指朝下；左手朝右手肘关节方向拉右手指。以上为拉伸右侧的动作，拉伸左侧的动作与右侧相同，唯方向相反。

●**肌肉分析** 拉伸度最大的肌肉：右或左侧桡侧腕屈肌、右或左侧尺侧腕屈肌、右或左侧小指短屈肌、右或左侧指深屈肌、右或左侧指浅屈肌、右或左侧掌长肌。

●**动作分析** 肘部自然弯曲，选择一个舒适的角度即可。在练习中大家会发现通过充分屈肘来推手会容易些。推手的力量往肘部方向推效果最好。

●**呼吸与意念的配合** 左手手掌向后拉伸右手掌指，呼气放松，将手指屈肌拉伸到极限；第二次拉伸时再配合呼气放松，再到极限；第三次先吸气再闭气，将手指肌群向相反方向用力对抗，持续时间5秒。将意念气血灌注到手指肌群中。拉伸左侧的动作与右侧相同，唯方向相反；配合方法相同。

腰背祛痛易筋术

参与下躯干活动的许多肌肉分布在骨盆与脊柱或胸腔之间。许多背肌僵硬的人会发现，拉伸有助于减轻背肌僵硬引起的疼痛。扩大整个下躯干肌肉的活动范围可以扩大转体的活动范围，减少疼痛的产生。

双人拉伸祛痛

动作要领

1. 被施术者跪位,左手向右贴按于颈部,肘关节屈曲,右脚弯曲成 90°,右手扶在右膝关节上,左脚小腿贴地。

2. 施术者站在其身后,一手掌心扶按其肩部,另一手握住其肘关节,右脚膝关节轻抵住被施术者髂嵴防止其臀部后移。

3. 嘱被施术者鼻吸口呼,深吸气后缓慢呼出,呼气时,施术者膝关节尽量往前顶,两手同时用力将其上半身尽量往后牵引,牵拉至最大限度。

4. 嘱被施术者鼻吸口呼抗阻力,持续 5 秒。

5. 被施术者鼻吸口呼,呼气后协助还原。

●**呼吸与意念的配合** 第一次呼气放松后,施术者膝关节尽量往前顶,两手同时用力将其上半身尽量往后牵引;第二次再配合呼气放松,再到极限;第三次先吸气再闭气,身体向相反方向用力对抗,持续时间 5 秒。将意念气血灌注到足阳明经筋中。

●**治疗作用** 这组动作对髂腰肌修复及对足阳明经筋所循行处的肌肉有强壮作用,对腰椎后仰受限有立竿见影的疗效。

自我拉伸祛痛

俯卧下躯干屈肌拉伸

动作要领

俯在地上,两手掌朝下,手指指向髋部前方慢慢下腰,收臀;继续将腰、头、胸抬离地面。

- **肌肉分析** 拉伸度最大的肌肉:腹直肌、腹外斜肌、腹内斜肌。
- **动作分析** 做该动作时必须小心下腰存在潜在的危险,特别是腹肌较弱者。下腰导致的伤害主要有:脊柱过度挤压、脊柱关节挤压以及腰椎骨挤压脊柱神经。因此,这种拉伸训练仅推荐给肌肉比较僵硬者做。做这种拉伸时,下腰幅度要小,下腰时提高臀部的紧张度、减少腰部的紧张度。
- **呼吸与意念的配合** 下腰拉伸时,呼气放松,尽可能将腹部肌群拉伸到极限;第二次配合呼气放松,再到极限;第三次先吸气再闭气,腹部肌群向相反方向用力对抗,持续时间5秒。将意念气血灌注到腹部肌群中。

下躯干侧屈肌拉伸

动作要领

双手放在右髋附近;收臀,推髋;继续下腰,顺时针扭转身体,头部向身体右边低下。以上为拉伸左侧的动作,拉伸右侧的动作和左侧相同,唯方向相反。

●**肌肉分析** 拉伸度最大的肌肉：腹直肌、左或右侧腹外斜肌、左或右侧腹内斜肌。

●**动作分析** 这个动作潜在的危险，是针对脊柱前凸或腹肌较弱者。这种训练可能会使脊柱前凸更严重，导致脊柱过度挤压、脊柱关节挤压以及腰椎骨挤压脊柱神经。因此，这种拉伸训练仅推荐给肌肉比较僵硬、没有脊柱前凸者做。另外，这种训练只有当其他的下背屈肌不起任何促进作用的时候进行。做这种牵伸时，下腰的幅度要小，同时提高臀部的紧张度、减少腰部的紧张。最后，做这种练习时，身体容易失去平衡，需注意安全。

●**呼吸与意念的配合** 身体向右侧转身拉伸时，呼气放松，将左侧侧屈肌拉伸到极限；第二次再配合呼气放松，再到极限；第三次先吸气再闭气，将左侧侧屈肌肌群向相反方向用力对抗，持续时间5秒。将意念气血灌注到左侧侧屈肌肌群中。拉伸右侧的动作与左侧相同，唯方向相反；配合方法相同。

髋部祛痛易筋术

髋关节是球窝关节，此关节的活动范围比人体其他关节的活动范围更大。随着年龄的增长和身体活动的减少，人们必须坚持牵伸肌肉群以保持关节的灵活性和活动范围。髋部位于身体的中部，多注重力量锻炼和关节的柔韧性锻炼，可以减少甚至预防许多髋部问题。

双人拉伸祛痛

动作要领

1. 被施术者仰卧位，右脚屈膝侧放在垫上；左脚屈膝轻踩在施术者的髌骨之上处。

2. 施术者面朝被施术者，左手按其右脚关节内侧，右手按压于被施术者左膝部。

3. 被施术者鼻吸口呼，深吸气后缓慢呼出，呼气时施术者身体往前右手用力压其左腿膝部，牵拉至被施术者最大限度时，持续30秒。

4. 要求被施术者鼻吸口呼，用其50%力量两大腿内收抗阻力，持续5秒。

5. 被施术者鼻吸口呼，呼气后施术者协助还原。以上为拉伸左侧的动作，拉伸右侧的动作与左侧相同，唯方向相反。

●**呼吸与意念的配合**　施术者右手用柔劲将其左膝向其身体方向按压时，被施术者配合呼气放松，将腿部内侧肌群拉伸到极限；第二次再配合呼气放松，再到极限；第三次先吸气再闭气，大腿部肌群向相反方向用力对抗，持续时间5秒。将意念气血灌注到腿部足少阴经筋中。拉伸右侧的动作与左侧相同，唯方向相反；配合方法相同。

●**治疗作用**　对耻骨肌、长收肌、股薄肌、短收肌、大收肌进行拉伸修复，对髋关节外展受限有较好疗效。

自我拉伸祛痛

髋外回旋肌和髋伸肌拉伸

动作要领

坐在地上,左腿在前方伸直;屈右膝,右腿平摆抵住左大腿内侧;尽量向左膝弯腰,直到开始有点牵伸的感觉(微疼);弯腰时,左膝尽量往地面压。以上为拉伸左侧的动作,拉伸右侧的动作与左侧相同,唯方向相反。

● **肌肉分析** 身体右或左侧拉伸度最大的肌肉:臀中肌和臀小肌、梨状肌、上孖肌和下孖肌、闭孔外肌和闭孔内肌、股方肌、竖脊肌、背阔肌下部。

身体左或右侧拉伸度最大的肌肉:半腱肌、半膜肌、股二头肌、臀大肌、腓肠肌。

● **动作分析** 从髋关节部位向前弯腰,保持躯干平直,躯干右倾会减少身体右侧拉伸度最大的肌肉的拉伸,增加身体左侧拉伸度最大的肌肉的拉伸。躯干左倾同理。

● **呼吸与意念的配合** 身体向前下压时,呼气放松,将髋部肌群拉伸到极限;第二次再配合呼气放松,再到极限;第三次先吸气再闭气,将髋部肌群向相反方向用力对抗,持续时间5秒。将意念气血灌注到髋部肌群中。拉伸右侧的动作与左侧相同,唯方向相反;配合方法相同。

髂伸肌和背伸肌拉伸

动作要领

在舒适的表面仰卧,朝胸部方向屈右膝;保持左腿平直,双手抓住右膝,尽量向胸部方向拉。以上为拉伸右侧的动作,拉伸左侧的动作与右侧相同,唯方向相反。

● **肌肉分析**　拉伸度最大的肌肉:臀大肌、竖脊肌、背阔肌下部。

● **动作分析**　将膝部向腋窝而不向胸部方向提拉,可以增强肌肉牵伸。做这种训练双腿可以同时进行。

● **呼吸与意念的配合**　双手抓住右膝,向胸部方向拉伸时,呼气放松,将髂伸肌和背伸肌拉伸到极限;第二次再配合呼气放松,再到极限;第三次先吸气再闭气,将髂伸肌和背伸肌向相反方向用力对抗,持续时间5秒。将意念气血灌注到髂伸肌和背伸肌肌群中。拉伸左侧的动作与右侧相同,唯方向相反;配合方法相同。

膝、大腿部祛痛易筋术

控制膝盖运动的绝大多数肌肉都分布在大腿上,拉伸这些肌肉可以减轻肌肉的紧张和疼痛感。由于大腿肌肉酸疼和紧张是很常见的现象,日常坚持做易筋拉伸训练既可临时减轻肌肉的紧张和疼痛感,也可长期减轻肌肉的紧张和疼痛感。

双人拉伸祛痛

动作要领

1. 被施术者仰卧位，双下肢自然伸直。

2. 施术者跪立在垫上，面朝被施术者，要求其右脚伸直，脚后跟靠在施术者肩膀上，施术者双手环抱于被施术者膝部。

3. 被施术者鼻吸口呼，深吸气后缓慢呼出，呼气时施术者身体轻往前压其腿部，牵拉至被施术者最大限度时，持续30秒。

4. 要求被施术者鼻吸口呼，用其50%力量大腿前伸抗阻力，持续5秒。

5. 被施术者鼻吸口呼，呼气后施术者协助还原。以上为拉伸右侧的动作，拉伸左侧的动作与右侧相同，唯方向相反。

● **呼吸与意念的配合**　当被施术者右或左腿伸直靠在施术者肩上，施术者用柔劲将其右或左脚向其头部方向按压时，被施术者配合呼气放松，达到腿部拉伸极限后停止；第二次再配合呼气放松，再到极限；第三次先吸气再闭气，大腿部肌群向相反方向用力对抗，持续时间5秒。将意念气血灌注到腿部足太阳经筋中。

● **治疗作用**　用于修复腘绳肌、股二头肌的损伤，对膝关节屈伸受限有较好疗效。

自我拉伸祛痛

坐姿屈膝肌拉伸

动作要领

右腿伸直坐在地上，左腿侧屈，两手放在大腿两旁；弯腰，向腿的方向低头；膝盖的后部紧贴于地面，身体向前弯腰时手沿着脚的方向滑动，置于右腿的旁边。以上为拉伸右侧的动作，拉伸左侧的动作与右侧相同，唯方向相反。

● **肌肉分析** 拉伸度最大的肌肉：半腱肌、半膜肌、股二头肌、臀大肌、腓肠肌、竖脊肌。

● **动作分析** 为了最大程度地牵伸膝屈肌，在做动作时不要屈膝，不要使骨盆向前或向后倾斜。另外，尽可能地将躯干作为一个整体前屈，把重心放在两腿之间。

● **呼吸与意念的配合** 当躯干前屈时，呼气放松，将屈膝肌群拉伸到极限；第二次再配合呼气放松，再到极限；第三次先吸气再闭气，屈膝肌群向相反方向用力对抗，持续时间 5 秒。意念气血灌注到屈膝肌群中。左右动作相同，唯方向相反。